몽돌 브라더스의 음악 여행, 즐기는 거야! (몽돌오케스트라)

가족과 함께 읽는 그림 동화책

최 주 철 글·그림

미디어콘서트

바다는 커다란 몽돌오케스트라 공연장입니다.
행복의 바다!
음악은
우리를 즐겁게 합니다.

음악이 없는 세상,
파도가 없는 바다,
몽돌 없는 바다,
상상하기가 어렵습니다.

몽돌 소리는 아름다운 소리입니다.

좌르르르, 차르르르, 자그락자그락, 데굴데굴, 도르르.

몽돌은 어쩌다가 매끈하고 둥근 몽돌이 되었을까요?

몽돌은 어쩌다가 아름다운 몽돌 소리를 낼 수 있었을까요?

서로 부대끼며 구르고 또 구르는 몽돌.

흩어져 있었던 몽돌이 내는 소리는 음악입니다.

몽돌은 혼자서 소리를 낼 수 있을까요?
결코 혼자서는 소리를 낼 수 없습니다.
모난 돌들이 둥근 몽돌이 되기까지
파도와 함께 음악 여행을 떠납니다.

모난 돌이 파도에 깎이면서
내는 소리는 음악입니다.
파도와 바람, 몽돌이 함께하는
오케스트라는 세상에 둘도 없는
환상의 콘서트입니다.

몽돌이 합창을 합니다.

음들이 울립니다.
몽돌이 울립니다.

몽돌 브라더스는 지휘자이며
연주도 합니다.
몽돌 소리는
음악입니다.

몽돌은 웅장한 오케스트라입니다.

파도는 몽돌오케스트라를 이끌 줄을 압니다.

몽돌 브라더스의 지휘에 거친 파도, 잔잔한 파도는 리듬을 탑니다.

몽돌은 현악기, 목관 악기, 금관 악기, 타악기입니다.

몽돌은 모양이 비슷하면 색깔이 다르고 크기가 비슷하면 모양이 다릅니다.

몽돌은 제각각 훌륭한 악기입니다. 또한 연주자입니다.

거친 파도, 잔잔한 파도에 따라 몽돌은 황홀한 교향곡을 들려줍니다.

몽돌은 밀려오는 파도를 보면서
파도와 함께 아름다운 연주를 하는 게
운명이라고 생각하지 않을까요?
베토벤의 "운명 교향곡"처럼
몽돌은 파도와 함께
멋진 연주를 합니다.

파도에 따라
몽돌은
도도하게, 당당하게,
빠르게, 지나치지 않게.

몽돌 소리가 퍼집니다.
울립니다.

몽돌 해변에서 리우는
북, 실로폰, 드럼을 칩니다.
리우는 타악기를 좋아합니다.
북소리에 몽돌도 흥겨워 춤을 추는 듯합니다.
실로폰 소리에 파도가 노래를 부릅니다.
드럼 소리에 몽돌은 신이 난 듯 구릅니다.
맑은 눈, 둥근 얼굴을 가진 리우는 몽돌 아기 같습니다.
몽돌처럼 둥근 마음을 가진 리우는 예쁜 마음, 귀여운 미소를 가지고
있습니다.

훈이는 바이올린이 너무 좋아서 바이올린을 껴안아 봅니다.

바이올린으로 깊은 바닷속 같은 소리를 들을 수 있습니다.

바이올린을 좋아하는 훈이는 바이올리니스트가 꿈인 것 같습니다.

23. C.J.C

23. C.J.C

편안한 중저음의 첼로입니다.

첼로는 따뜻한 음색과 풍부한 울림으로 많은 사람들의 사랑을 받고

있습니다.

첼로에서 나오는 소리는

큰 몽돌이 잔잔한 파도와 만날 때

들을 수 있는 소리가 아닐까요?

파도에 따라

몽돌은

아주 느렸다가, 빨라졌다가,

더 느려졌다가, 더 빨라졌다가.

플루트는 경쾌하면서도 우아하고 부드러운 소리를 냅니다. 작고 둥근 몽돌이 파도를 만나서 내는 소리 같습니다. 플루트 소리에 파도는 몽돌을 우아하게, 부드럽게 매만지고 있습니다. 계절이 바뀌어도, 모든 게 바뀌어도 몽돌은 파도와 즐거운 음악 여행을 하고 있습니다.

파도에 따라

몽돌은

느리게 노래하듯이.

호른은 음색이 부드럽고 풍부하여
여러 악기의 소리를 모으고 감쌉니다.
활짝 핀 나팔꽃 모양입니다.

몽돌은 호른 악기 소리를 특히
좋아합니다.
몽돌들이 합창을 합니다.

파도에 따라
몽돌은
조금 빠르게.

26 몽돌 브라더스의 음악 여행, 즐기는 거야!

색소폰으로 파도를 위한 곡을 연주합니다.

몽돌이 힘들고 지칠 때 파도가 따뜻하게 껴안아 줍니다.

파도에 따라

몽돌은

장엄하고 지나치지 않은 빠르기로.

몽돌 해변에서 부드러우면서도 중후한 트롬본을 연주합니다.
어릴 때 몽돌은 큰 바위 같았지만, 지금은 귀여운
작은 몽돌이 되었습니다.

파도에 따라
몽돌은
점점 느리게, 점점 빠르게.

바순 연주에 몽돌이 모여듭니다.

몽돌은 서로 이야기를 합니다.

"우리도 저런 아름다운 소리를 낼 수 있을까?'

몽돌은 리듬을 가지고 있습니다.
아름다운 소리를 내는 방법을 알고 있습니다.

파도에 따라
몽돌은
빠르게, 조금 느리게.

하프 연주를 합니다.
우아하고 부드러운 음색을
냅니다.
연주하는 모습이 천사같이
보입니다.

무게가 엄청난 악기입니다.
큰 바위만큼 무겁습니다.

소리는 몽돌처럼
아름답습니다.

파도에 따라
몽돌은
느리게 노래하듯이.

독도에 있는 몽돌을 위해
독도에서 "홀로 아리랑"
곡을 연주하고 있습니다.

독도 몽돌은
" 한 곡 더, 한 곡 더 !"
부탁합니다.

"독도는 우리 땅"을
연주합니다.

파도에 따라
몽돌은
대단히 빠르게.

독 도
獨 島
DOKDO KOREA

베토벤의 "운명 교향곡"을 들으면서
푸른 하늘을 보고 있습니다.

파도와 둥근 몽돌은 운명적으로 만나 아름다운
소리를 들려줍니다.

몽돌 해변에서 악기 연주를 하고
음악을 듣는 것은 행복한 일입니다.

바닷가에 가면
몽돌오케스트라의 연주가
우리를 행복한 상상의 세계로 이끕니다.

글, 그림 · 최 주 철

여덟 번째 몽돌시리즈 그림 동화책입니다. "몽돌 브라더스의 음악 여행, 즐기는 거야!"는 몽돌 해변에서의 음악 생활을 그렸습니다. 몽돌 해변에서 몽돌 소리를 듣고 있으면 음악 여행을 떠나는 것 같았습니다.

몽돌 브라더스는 몽돌오케트라 지휘자, 연주자입니다. 몽돌 소리는 음악입니다. 모양과 크기, 색깔이 다른 몽돌은 파도를 만나 각자의 소리를 내고 있었습니다.

파도와 몽돌은 웅장한 오케스트라 공연을 하고 있습니다. 바다라는 공연장에서 몽돌오케스트라의 교향곡을 듣고 있으면 행복합니다. 세상에서 가장 아름답고 창조적인 음악을 함께 듣고 싶습니다.

- ■ 저 서
  - 몽돌이 영화에 빠졌을 때
  - 인생은 아름다워
  - 난을 치다. 난장을 치다.
  - 최주철의 미디어 콘서트
  - 예술이 좋다. 포기란 없다.
  - 몽돌이 아프다고?
  - 서울에 간 몽돌
  - 나, 돌멩이 아니고 몽돌이야
  - 몽(夢)돌브라더스의 꿈
  - 몽돌 브라더스가 동피랑에 간 까닭은?
  - 몽돌 브라더스는 몽당연필로 몽돌을 그린다.
  - 몽돌 브라더스의 행복한 일기
  - 몽돌 브라더스의 음악 여행, 즐기는 거야!
    (몽돌오케스트라)

  Mobile. 010-3557-2745
  E-mail. d8367@naver.com

작가의 말

독자님은 몽돌에 관한 그림 동화를 읽었습니다.
평범한 몽돌을 보면서 풍부한 창의력과 상상력을 가지게 되었고 세상을 아름답게 바라보는 마음을 가지게 되었습니다.
단순한 돌멩이가 아닌 몽돌을 알고, 몽돌 소리를 자주 들으면 감성이 풍성한 어른으로 성장할 것입니다. 음악과 악기로 행복한 생활을 기대해 봅니다.
훌륭한 인성으로 자라날 독자님이 미래의 주인공입니다.

몽돌 브라더스의 음악 여행, 즐기는 거야! (몽돌오케스트라)

가족과 함께 읽는 그림 동화책

2023년 9월 7일 초판 1쇄 발행

발행처 | 미디어콘서트
펴낸이 | 최주철
제 작 | 미디어콘서트
편집 · 디자인 | 김가령

ISBN 979-11-87127-06-2